Il mio primo libro sul Tawhid

Questo libro appartiene a:

Allah Ha Creato Tutto!
Tradotto da Somayh Naseef

Scritto da Umm Bilaal Bint Sabir
Formato e design di Umm Bilaal Bint Sabir
Cubrir por @ilm.cards

2023 Al Huroof Publishing
© alhuroof
Pubblicato per la prima volta in Sep 2024

ISBN 978-1-917065-24-5

Para más información contactar:

@al.huroof ✕ AlHuroofpublishing ✉ alhuroof@hotmail.com

Al Huroof Publishing
Little Muslim Readers
الحروف للنشر

بسم الله الرحمن الرحيم

Sia lodato Allah, il Dio di tutta la creazione, e che la pace e le benedizioni di Allah siano con il nostro profeta Maometto, i suoi veri seguaci e tutti i suoi compagni. Procediamo:

SULL'AUTORE

Al Huroof è parte di un progetto in corso chiamato Bait-at-Tarbiyah (Casa dell'Apprendimento), iniziato da un piccolo gruppo di giovani madri musulmane nel 1995 a Londra, Regno Unito. All'epoca, c'era una carenza di materiale autentico di insegnamento islamico per i bambini piccoli. Pertanto, abbiamo deciso di unire le nostre competenze creative e professionali per sviluppare risorse e ausili didattici islamici autentici e divertenti, basati sul Corano (il libro sacro) e la Sunnah. In particolare, sui versi e sul comportamento del Profeta Maometto (che la pace e le benedizioni di Allah siano su di lui), sui suoi compagni e sulla generazione che li ha seguito.

L'attenzione iniziale era rivolta a quattro progetti: flashcard, riviste, video e giocattoli morbidi; alcuni dei quali devono ancora essere sviluppati. Fino ad oggi, abbiamo pubblicato 4 riviste di Al Huroof, una serie di carte che presentano i 5 pilastri dell'Islam e delle magliette.

Grazie ad Allah! Da allora, i collaboratori sono cresciuti nelle loro capacità professionali. L'autrice principale fa fino ad ora 18 anni di esperienza nell'insegnamento dell'EFL, nella formazione degli insegnanti e una recente esperienza nella gestione delle scuole primarie; tutto ciò fornisce un'importante visione per progettare materiale didattico. Speriamo di continuare nei nostri sforzi per sviluppare ausili didattici e contribuire al crescente mondo di materiale di insegnamento islamico autentico, tenendo presente che tutto questo sforzo è per Allah. Utilizzando le abilità con cui Lui, Subhaanahu, ci ha benedetto, speriamo di aiutare nella diffusione della conoscenza autentica ovunque possibile. Che Allah lo accetti da noi, ameen.

Sulal traduttrice:

Come insegnante di lingue appassionata e certificata, a volte assumo il ruolo speciale di tradurre libri per bambini per lasciare un segno significativo. La mia lingua preferita è , ma traduco anche tra inglese, francese, italiano e tedesco. Credo nel creare traduzioni che siano accessibili e coinvolgenti per i giovani lettori, aiutandoli a imparare nuove parole mentre si godono la storia. Per me, tradurre libri per bambini è un'opportunità unica per restituire alla comunità e ispirare le giovani menti. Ogni libro che traduco è un'occasione per connettere il mondo attraverso la bellezza della lingua.

Come Usare Questo Libro

Note per i Genitori

Questo è il primo libro di una serie di tre parti sul Tawhid. Nella lingua araba, Tawhid significa 'credere in uno'. Nella Shari'ah islamica, significa adorare un unico Dio. Questo è il fondamento della nostra religione. Tawhid è la conoscenza e il riconoscimento che il nostro Dio è unico in tutti gli attributi di Perfezione, Grandezza e Maestà, ed è unico in tutta l'adorazione.*

Il Tawhid è diviso in tre categorie, tutte ugualmente importanti. Questo libro inizia con il Tawhid-ur-Ruboobiyyah. Questo significa riconoscere che tutto nella creazione, sia grande che piccolo, nascosto o visibile, è creato solo da Allah. Lui è il nostro Dio (Rabb). Quando crediamo con certezza che Allah è il Rabb della creazione, che dà sostentamento, controlla le questioni, nutre e sostiene la creazione, questo è il Tawhid-ur-Ruboobiyyah - il Tawhid che Allah è il padrone di tutto e di tutti.*

Aiuta tuo figlio a comprendere questo fondamento guidandolo a collegare l'aspetto della creazione con il Tawhid-ur-Ruboobiyyah. Usa le immagini e il testo come incentivo per fare domande e guidare le loro risposte. Ci siamo impegnati a mantenere il linguaggio semplice ma coinvolgente per il livello target dei giovani lettori, con alcune eccezioni che richiederanno l'aiuto dei genitori o di altri per semplificare.

Parole ad Alta Frequenza

Nella parte inferiore di ogni pagina, vedrai un elenco di parole ad alta frequenza (PAF) prese dalle prime 30 PAF per bambini dai 5 ai 7 anni. Ci sono anche nuove parole aggiuntive (PN) che non sono nella lista delle PAF ma sono usate per aiutare a descrivere le immagini su ogni pagina. Incoraggia tuo figlio a pronunciare tutte le parole e offri un suggerimento se ha bisogno di aiuto.

Speriamo che tuo figlio si diverta a leggere questa breve serie sul Tawhid, basata sulla comprensione del Salaf-us-Saalih. Dopo aver lodato Allah, Subhaanahu, vorremmo ringraziare tutti coloro che hanno fornito accesso a software di design, formattazione di libri e preziosi feedback sui contenuti. Che Allah lo accetti come opera di carità continua (sadaqa yariyah) per tutti loro, ameen.

*Ref: Note dalle conferenze audio di 'Kitab-at Tawhid', dalle opere di Imaam Muhammad ibn 'Abdil-Wahhaab, Imaam as-Saa'idi, e Shaykh Uthaymeen, tradotte da Daawood Burbank, che Allah abbia misericordia di loro.

Dedicato a due bambini speciali.

Paroli di alta frequenza

la Terra  il sole  la primavera

il cielo  la luna 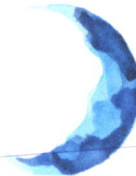 l'estate

il giorno  le nuvole  l'autunno

la notte  le stelle  l'inverno

la terra

il flusso

gli alberi

la
foresta

i campi

il mare

le
montagne

l'erba

gli oceani

i fiumi

i fiori

la balena

Questa è la Terra!

Qui viviamo.

la
Tierra

la Tierra

Chi ha creato la Terra e tutto ciò che c'è su di essa?

Andiamo a scoprirlo!

creato

creato

Guarda il cielo!

Sai chi ha creato la notte e il giorno?

il cielo  il giorno  la notte

la notte il giorno

...e il sole
splendente.

el
sole

 il sole

...e le nuvole soffici nel cielo...

le
nuvole

il
cielo

le nuvole

...e la luna e le stelle che brillano...

la
luna

le
stelle

la luna   le stelle

...e le 4 stagioni:

primavera,
estate, autunno
e inverno?

la
primavera  l'estate  l'autunno  l'inverno

le 4 stagioni

Guarda la terra!

la
terra

la terra

Chi ha creato le foreste e le montagne che toccano il cielo...?

le foreste  le montagne  il cielo

le foreste   le montagne

...e i fiumi e
i ruscelli...

i fiumi  i
ruscelli

i fiumi   i ruscelli

...e i campi
verdi con l'erba
morbida dove ci
piace correre...

i campi    l'erba

i campi l'erba

...e i fiori e gli alberi dove ci arrampichiamo...

i fiori  gli alberi

i fiori gli alberi

Guarda il mare blu profondo!

il mare

il mare

Chi ha creato gli oceani, i mari, le grandi balene blu e i pesci piccoli del mare?

 gli oceani

le balene

i mari

gli oceani, i mari

Chi ha creato te e me?

te e me

Vuoi sapere chi ha creato tutto?

Allah ha creato tutto!

Lui è il nostro Dio!

Lui è il Creatore, Al-Khāliq.

Questo è,
Tawhid-ur-Ruboobiyyah.

Tawhid-ur-Ruboobiyyah

L'Unicità di Allah come Creatore.

Tawhid-ur-Ruboobiyyah

Dove si trova Allah?

Allah è sopra la terra, sopra i sette cieli, sopra il suo trono.

Come lo sappiamo?

Allah ce lo dice nel Corano:

el Corano

"Allāh è Colui che ha creato i cieli e la terra e tutto ciò che c'è tra di loro. Poi Lui si è elevato sopra il Trono in un modo che si addice alla Sua Maestà..."

Sura 32, ayah 4

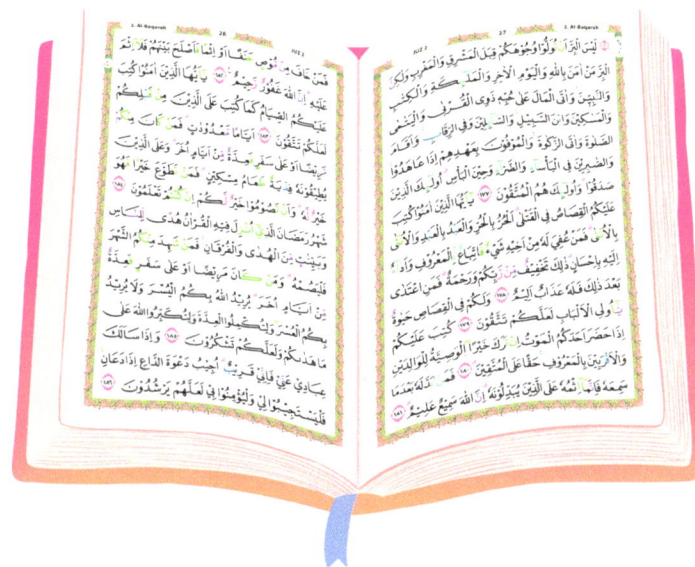

Poi Lui si è elevato

Parole ad alta

- Il (the)
- E (and)
- Di (of)
- In (in)
- La (the)

- Questo (this)
- È (is)
- Noi (we)
- Chi (who)
- Tutto (everything)g)

- Dove (where)
- Tu (you)
- Un (a)
- Guarda (look)
- Creatore (creator)

frequenza

- **Notte** (night)
- **Giorno** (day)
- **Sole** (sun)
- **Luna** (moon)
- **Stelle** (stars)

- **Primavera** (spring)
- **Estate** (summer)
- **Autunno** (autumn)
- **Inverno** (winter)
- **Campo** (field)

- **Alberi** (trees)
- **Mare** (sea)
- **Pesci** (fish)
- **Cielo** (sky)
- **Terra** (earth)

SERIE PER BAMBINI SUL TAWHID

AD ALLAH
solo adoriamo!

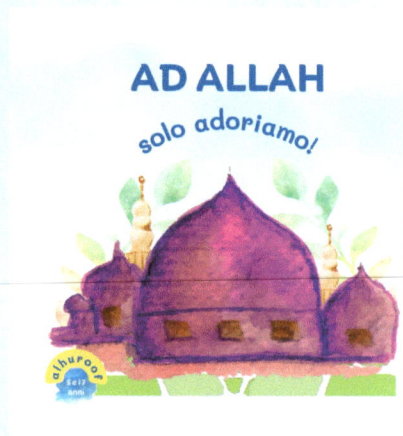

ALLAH
Ha Creato Tutto!

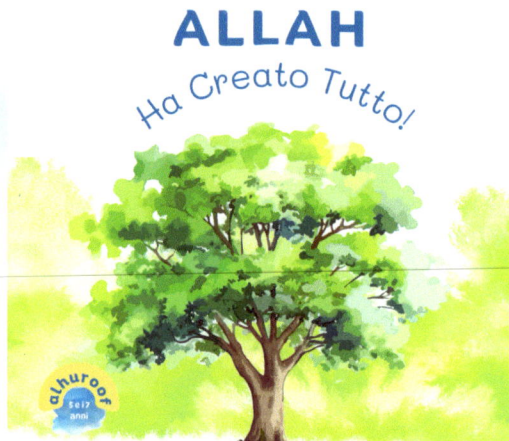

I Nomi Bellissimi di ALLAH
più di 99
Parte 1

LIBRO 2

LIBRO 1

LIBRO 3

LETTURA AUTENTICA PER BAMBINI!

alhuroof
5 EI 7 ANNI

flashcards